안녕? 한국사

저학년 첫 역사책
안녕? 한국사 ① 선사 시대

초판 1쇄 발행 2015년 4월 10일
초판 5쇄 발행 2020년 6월 15일

글 그림 백명식
감수 김동운(전 국사편찬위원회 교육연구관)
사진 국립중앙박물관(공공누리), 위키미디어 공용

펴낸이 홍석 | **편집부장** 이정은 | **편집** 차정민, 이은경 | **디자인** 고문화
마케팅 홍성우, 이가은, 이송희 | **관리** 김정선, 정원경, 최우리
펴낸곳 도서출판 풀빛 | **등록** 1979년 3월 6일 제 8-24호
주소 서울특별시 서대문구 북아현로 11가길 12 3층(북아현동, 한일빌딩)
전화 02-363-5995(영업) 02-362-8900(편집) | **팩스** 02-393-3858
전자우편 kids@pulbit.co.kr | **홈페이지** www.pulbit.co.kr
블로그 pulbitbooks.blog.me | **인스타그램** instagram.com/pulbitkids

ISBN 978-89-7474-329-1 74910
ISBN 978-89-7474-328-4(세트)

ⓒ백명식 2015

이 도서의 국립중앙도서관 출판시도서목록(CIP)은 서지정보유통지원시스템 홈페이지(http://seoji.nl.go.kr)와 국가자료공동목록시스템(http://www.nl.go.kr/kolisnet)에서 이용하실 수 있습니다.
(CIP제어번호: CIP2015007381)

* 책값은 뒤표지에 표시되어 있습니다.
* 파본이나 잘못된 책은 구입하신 곳에서 바꿔 드립니다.

품명 아동 도서 **사용연령** 7세 이상
제조국 대한민국 **제조년월** 2020년 6월 15일
제조자명 도서출판 풀빛 **연락처** 02-363-5995
주소 서울특별시 서대문구 북아현로 11가길 12 3층 (북아현동, 한일빌딩)
주의사항 종이에 베이거나 긁히지 않도록 조심하세요.
책 모서리가 날카로우니 던지거나 떨어뜨리지 마세요.
KC마크는 이 제품이 공통안전기준에 적합하였음을 의미합니다.

저학년 첫 역사책
선사 시대

안녕? 한국사

①

우리 조상이 곰이라고?

글·그림 **백명식**
감수 **김동운**(전 국사편찬위원회 교육연구관)

풀빛

차례

책을 읽기 전에 ... 6

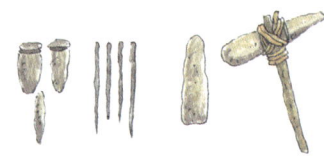

첫 번째 미션 | 우리 조상이 곰이라고? ... 8

구석기 시대 | 개 도깨비, 곰을 찾아라! ... 24
　　　　　　　자세히 보기_ 뗀석기를 쓰며 동굴에 살던 구석기 시대 ... 36

신석기 시대 | 빗살무늬 토기에 담긴 음식은 맛있어! ... 40
　　　　　　　자세히 보기_ 움집을 짓고 빗살무늬 토기를 쓰던 신석기 시대 ... 52

청동기 시대	번쩍번쩍 청동 칼이 갖고 싶어	56
	자세히 보기_ 벼농사를 짓고 민무늬 토기를 쓰던 청동기 시대	68

고조선	곰이 사람이 되었다고?	72
	자세히 보기_ 우리나라의 첫 번째 국가 고조선	84

미션 해결	두남이의 조상은 단군왕검이야!	88

역사 돌아보기_ 이런 일이 있었대요   94

책을 읽기 전에

도깨비들과 함께하는
신나는 한국사 여행

얘들아, 안녕? 나는 할아버지 도깨비란다.
지금부터 우리 도깨비들과 함께 한국사 여행을 떠날 거야.
그 전에 몇 가지 알아두어야 할 게 있단다.

우리 도깨비들은 이 책의 주인공인 두남이에게 큰 빚을 졌어.

아주 오래 전, 우리는 다른 도깨비들과 싸움을 한 벌로 항아리에 갇혔단다. 누군가 그 항아리를 깨지 않으면 영영 나올 수 없었지. 그런데 두남이가 실수로 항아리를 깨 준 거야. 그래서 우리는 두남이를 위해 착한 일을 해야 한단다.

우리 도깨비들은 두남이가 한국사에 대해 가지고 있는 궁금증을 풀어 주기 위해서 직접 옛날로 날아가기로 했어. 우리는 시간과 장소를 마음대로 넘나들 수 있거든. 인간의 역사에 끼어들면 절대 안 되지만 말이다.

이 책을 넘기다 보면, 각 역사의 장면 속에 우리 도깨비들이 숨어 있어. 구석구석 숨어 있으니까, 어디에 있는지 한번 찾아보렴.

한 도깨비에게 주어진 시간이 끝나면, 그 시대에 대한 좀 더 자세하고 많은 이야기를 해 주도록 하마.

도깨비들이 여행을 마치고 돌아오면, 내가 도깨비들이 알아온 내용을 정리해서 두남이의 궁금증을 풀어줄 게다.

자, 이제 우리 도깨비들과 함께 한국사 여행을 떠나자꾸나!

첫 번째 미션

우리 조상이 곰이라고?

"우리 조상은 곰이야."
쉬는 시간에 책을 읽던 지용이가 갑자기 말했어.
"뭐? 푸하하하하, 곰? 우리가 곰의 자손이라고?"
"야, 무슨 곰인데? 북극곰? 반달곰? 판다 곰?"
친구들이 깔깔대고 웃기 시작했어.
"말도 안 돼. 우리는 사람이고, 곰은 짐승인데?"
두남이도 어이없다는 듯이 손사래를 쳤지.
"무식하긴. 책에 다 나오거든? 단군 할아버지는 알고 있냐?"
동그란 밥공기만 한 안경을 쓴 지용이가 두꺼운 책을 흔들며 우겼어.

"당연하지, 그걸 모르는 대한민국 사람도 있냐?"
사실 두남이는 단군이라는 이름만 어렴풋이 알고 있을 뿐이었어.
그래도 평소 잘난 척하는 지용이가 얄미워서 안다고 한 거야.
그리고 지용이 말이 맞다면 우리 모두 곰처럼 생겨야 하는 거잖아?
'좋았어! 이번 기회에 지용이의 코를 납작하게 해 줘야지!'
두남이는 지용이와 내기를 하기로 했어.
"그럼 내기하자! 진짜 우리 조상이 곰인지 아닌지."
"좋아! 지는 사람이 한 달 동안 이기는 사람 부하가 되는 거다!"

집에 돌아온 두남이는 고민에 빠졌어.

지용이는 학교에서 '가장 책을 많이 읽은 어린이상'을 받은 친구였거든.

그런 지용이 말이 틀렸을 거 같지는 않았어.

만약 내기에서 지면 얄미운 지용이의 부하가 되어야 하는 건데…….

부하 노릇도 싫었지만, 친구들이 분명히 두고두고 놀릴 게 분명했어.

생각만 해도 끔찍했지.

"빨리 답을 찾아보자!"

컴퓨터를 켠 두남이는 '우리 조상은?'이라고 쳐 봤어.
금방 답이 나왔는데, 글이 모니터 한가득이지 뭐야.
'휴우~ 너무 길다. 어디서부터 읽어야 하지?'
가뜩이나 글 읽기 싫어하는 두남이는 반쯤 읽다 보니 잠이 솔솔 왔어.
그만 까무룩 잠이 들고 말았지.
그런데 이상한 일이 일어났어.
어디선가 도깨비들이 하나둘 나타난 거야!

"아옹~ 이제야 좀 살겠네."

두남이가 잠들자, 방 구석구석에서 도깨비들이 모두 출동했어.

알고 있니? 사실 우리 주변에는 도깨비들이 숨어 살고 있거든.

그중 우두머리인 할아버지 도깨비가 말했어.

"에헴! 자, 다들 모였으면 내 말을 잘 들어라.

우리가 두남이에게 은혜를 갚을 기회가 온 것 같구나."

이게 무슨 소리냐고?

아주 오랜 옛날, 도깨비들끼리 싸움이 크게 벌어졌었거든.

그 모습에 화가 난 옥황상제가 도깨비들을 항아리 속에 가둬 버렸어.

바로 두남이네 집안에 대대로 내려오는 가보 항아리 속에 말이야.

그런데 두남이가 덤벙대다가 그걸 깨뜨린 거야.

덕분에 도깨비들은 몇 백 년 만에 항아리에서 빠져 나올 수 있었지.

그러니 두남이에게 얼마나 고맙겠어?

"맞아요! 두남이를 우리가 도와야 해요!"
도깨비들은 할아버지 도깨비의 말이 무슨 뜻인지 금방 알아들었어. 다들 낮에 학교에서 있었던 일을 알고 있었거든.

두남이를 도와줍시다.

그럽시다.

"그럼요! 원래 도깨비는 인간의 일에 끼어들면 안 되지만 두남이가
망신을 당하게 둘 순 없어요."
그 말을 듣고 할아버지 도깨비가 말했어.
"우리가 직접 과거로 날아가서 두남이의 조상이 누구인지 찾아야 한단다."
그리고 두 가지, 꼭 지켜야 할 규칙이 있다는 거야.
첫째, 인간들의 일에 끼어들지 말 것! 역사가 바뀌면 안 되거든.
둘째, 정해진 시간 안에 돌아올 것! 그렇지 않으면 영영 그곳에 있어야 해.

할아버지 도깨비의 말에
여기저기서 웅성거리기 시작했어.
"우리가 직접 과거로 가서 찾아야
한다고요? 귀찮은데……."
"그러다가 못 돌아오면 어떻게 해요?
너무 위험하잖아요."

조금 전까지 두남이를 돕겠다던 도깨비들이 슬슬 발을 빼지 뭐야.
그러자 할아버지 도깨비가 불호령을 내렸어.
"이놈들! 다시 항아리 속에 갇히고 싶은 게냐!
그새 다들 잊은 모양이로구나!"

오래 전, 도깨비들이 큰 싸움을 한 벌로 항아리에 갇혔다고 했잖아.

그때 옥황상제가 말했거든.

"너희는 누군가 이 항아리를 깨뜨려 주어야 여기서 나올 수 있다.

그러면 너희는 그 사람을 위해 꾸준히 착한 일을 해야 한다.

그렇지 않으면 다시 항아리 속에 갇히게 될 것이다!"

너무 오래전 일이라 도깨비들 기억이 가물가물해졌나 봐.
할아버지 도깨비가 다시 이야기해 주자 비로소 도깨비들이 머리를 긁적였어.
"아…… 맞다, 그랬었지."
도깨비들은 그제야 투덜대던 것을 멈추었어.
다시 항아리 속에 갇힐 순 없잖아?

"이제 불만들 없지? 그럼 누가 제일 먼저 가 볼까?"

할아버지 도깨비가 묻자마자 성질 급한 개 도깨비가 번쩍 손을 들었어.

"저요! 저요! 제가 갈게요! 어디로 가면 되죠?"

하여튼 개 도깨비는 못 말린다니까!

"그래, 개 도깨비야. 잘할 수 있겠니?"

"그야 식은 죽 먹기죠. 어디로 가면 되는데요?"

개 도깨비는 당장이라도 갈 것처럼 몸을 들썩들썩 움직였어.

"어허, 녀석. 뭐가 그렇게 급하누. 이걸 목에 걸고 가거라."

할아버지 도깨비가 개 도깨비에게 노란 별 모양의 목걸이를 걸어 줬어.

"이 목걸이가 깜빡깜빡 빛나기 시작하면, 그때는 돌아와야 한단다.
그렇지 않으면 영영 돌아올 수 없어. 알겠지?"
개 도깨비가 자신 있게 외쳤어.
"걱정하지 마세요!"

할아버지 도깨비가 '쿵' 하고 발을 굴렀어.
순식간에 개 도깨비는 '깨비깨비!' 하는 소리와 함께
수십만 년 전의 구석기 시대로 날아갔지.
우와, 정말 도깨비들의 재주는 신기하지?

자, 출발!

구석기 시대

개 도깨비, 곰을 찾아라!

구석기 시대로 날아간 개 도깨비는 도착하자마자 후회를 했어.
하필이면 눈보라가 몹시 치는 추운 겨울에 도착했거든.
'어휴, 추워. 괜히 급하게 나섰다가 이게 뭐람……'
그런데 저 멀리 동굴이 보이지 뭐야!
'우선 저리로 가서 몸이라도 녹여야겠다.'

동굴 안에는 사람들이 옹기종기 모여 불을 피우고 있었어.
다들 짐승의 털로 만든 옷을 입고 있었지.
"불을 피우니 환하고 따뜻해요."
두남이 또래의 아이가 웃으면서 말했어.

그런데 개 도깨비는 추운 겨울이 너무 싫었거든.
그래서 따뜻한 봄으로 시간을 건너뛰기로 했어. 깨비깨비!
도깨비들은 언제, 어디로든 날아갈 수 있다는 사실! 정말 부럽지?
그런데 도착한 곳이 아까 그 동굴이야.
개 도깨비는 왠지 반가웠어.

한쪽에서 사람들이 둘러 앉아 돌을 깨고 있었어.
'왜 돌을 깨뜨리는 거지?'
개 도깨비는 궁금했어. 하지만 궁금증은 금세 풀렸지.
아이의 어머니가 그 돌을 가져다가 채소를 잘게 자르고 고기를 썰었거든.
아마 칼이나 가위가 없어서 돌을 깨서 쓰는 모양이야.

그때, 아이와 할아버지가 돌 하나를 집어 들더니
벽에 그림을 그리기 시작했어.
색연필이나 크레파스도 없이 돌로 그림을 그리다니 정말 신기하지?
할아버지와 아이는 동물과 물고기 같은 걸 그리면서
사냥이 잘되게 해 달라고 빌었어.
그래야 먹을 것이 많아지니까 말이야.
개 도깨비도 옆에서 그림을 그리면서 이렇게 빌고 싶었어.
'두남이의 조상이 누군지 꼭 찾게 해 주세요.'

"꼬르륵~"

갑자기 개 도깨비의 배 속에서 신호가 왔어.

급하게 이곳으로 날아오느라고 밥을 못 먹었거든.

'어디 먹을 거 없나?'

하지만 동굴 안을 아무리 둘러 봐도 먹을 게 보이지 않았어.

'이 사람들은 대체 뭘 먹고 사는 거야?'

마침 그때 할아버지가 말했어.

"이제 슬슬 먹을 걸 구해 볼까?"

사람들이 밖으로 나가 먹을 것을 구하기 시작했어.

남자 어른들은 사냥을 하러 숲으로 갔고, 여자들과 아이들은

원숭이처럼 높은 나무 위에 올라가 과일을 따거나 풀뿌리를 캤어.

강물에 들어가 물고기를 잡기도 했지.

개 도깨비는 사냥하는 남자들을 따라갔어.
"우와! 재미있겠는걸?"
개 도깨비는 신이 났어. 사냥하는 것은 처음 보거든.
어느새 배가 고프다는 것도 잊어버렸어.

처음 만난 것은 멧돼지야. 아주 거칠고 사나운 녀석이었지.
남자들은 멧돼지를 막다른 곳으로 몰아서 잡는 데 성공했어.
그중에서도 한 남자가 맨 앞에 서서 용감하게 사냥을 했지.
'혹시 저 사람이 두남이의 조상 아닐까?'
개 도깨비는 잠시 생각했어. 하지만 금세 고개를 저었지.
'아니야. 곰이라고 했지. 곰을 찾아야 돼. 곰을……'

그때였어. 개 도깨비 앞에 커다란 곰이 나타났어.
"오, 반가워. 네가 두남이의 조상이구나! 그렇지?"
성질 급한 개 도깨비는 곰을 보자마자 튀어 나갔어.
그런데 곰이 갑자기 사나운 표정으로 덤비는 거야.
깜짝 놀란 개 도깨비는 '걸음아, 나 살려라!' 하고 도망을 쳤어.

한참을 쫓긴 개 도깨비는 그냥 돌아가고 싶은 마음뿐이었어.
"어휴, 두남이의 조상이고 뭐고 난 모르겠다!"
그러고는 '깨비깨비!' 하고 돌아와 버렸지.

"쯧쯧쯧……."
할아버지 도깨비는 숨을 헐떡이며 돌아온 개 도깨비를 보고
한심하다는 듯 혀를 찼어.
"아무래도 곰은 두남이를 모르는 것 같았어요."
개 도깨비의 말에 할아버지 도깨비가 호통을 쳤지.
"두남이의 조상이 곰이 아닐 수도 있잖아!"
그러고는 도리깨 도깨비를 불렀어.
"곰만 찾지 말고 두남이의 조상을 찾아보거라."
이번에는 도리깨 도깨비가 다녀올 차례야.

> 자세히 보기

뗀석기를 쓰며 동굴에 살던
구석기 시대 (약 70만 년 전 시작)

오랜 옛날에는 지금처럼 글자가 없었어. 그래서 그 시대의 모습을 글로 써서 남길 수가 없었지. 이처럼 글자가 없어서 기록이 남아 있지 않은 시대를 '선사 시대'라고 해.

선사 시대는 어떤 도구를 썼느냐에 따라서 구석기 시대, 신석기 시대, 청동기 시대, 철기 시대로 나눠. 가장 오래전인 구석기 시대는 돌을 깨뜨려 만든 뗀석기를 썼던 시대를 말해.

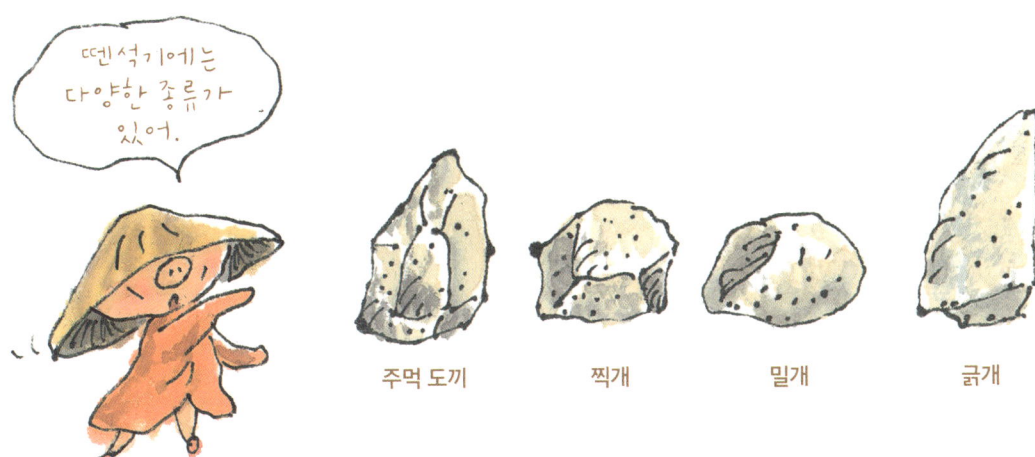

우리나라와 주변 지역에는 지금으로부터 약 70만 년 전부터
사람들이 살기 시작했어. 사람들은 주로 동굴이나 바위 아래에서 살았지.
여러 명이 무리를 지어 다녔고, 먹을 것이 떨어지면
다른 곳으로 옮겨 다녔어. 주로 동물을 사냥하거나 물고기를 잡고,
나무 열매, 식물의 뿌리나 잎을 따서 먹었어.
사람들은 사냥을 해서 고기는 먹고 가죽으로는 옷을 만들어 입었어.
지금처럼 옷감이 없었거든. 시간이 지난 후 구석기 시대 사람들은 불을
사용하게 되었는데 사냥해 온 동물들을 익혀 먹었어.

우리나라에는 구석기 시대 사람들이 살았던 흔적들이 남아 있는
유적지나 동굴들이 있어. 공주 석장리 유적지, 연천 전곡리 유적지,
제천 점말 동굴 등이 유명해.
구석기 시대 유적지에서는 불을 땐 자리, 집터, 불에 탄 곡식, 주먹 도끼,
짐승과 사람의 뼈 등이 발견되었는데 그것을 보면 당시 사람들이
어떻게 살았는지 알 수 있어.

기원전

'기원전'이란 예수가 태어나기 전의 시기를 말해. 태어난 후의 시기는 '기원후' 또는 '서기'라고 해.

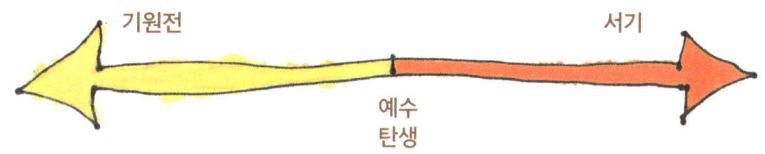

뗀석기를 만드는 네 가지 방법

❶ 큰 돌을 내리쳐 깨뜨린다.
❷ 단단한 돌이나 뿔을 이용해 돌을 쪼갠다.
❸ 둥근 돌이나 커다란 동물의 뼈로 깨뜨린다.
❹ 작고 날카로운 돌로 돌 틈을 찔러 넣어 쪼갠다.

구석기 소년 흥수 아이

1983년 충청북도 청원군 두루봉 동굴 안에서 구석기 시대 어린 아이의 뼈가 발견되었어. 대여섯 살 정도 되는 아이로 병에 걸려 죽은 것으로 보인대.
이 아이는 발견한 사람의 이름을 따서
'흥수 아이'로 불리고 있어.

약 4만 년 전에 살던 아이야. 처음 발견한 사람의 이름을 따서 '흥수아이'라고 해.

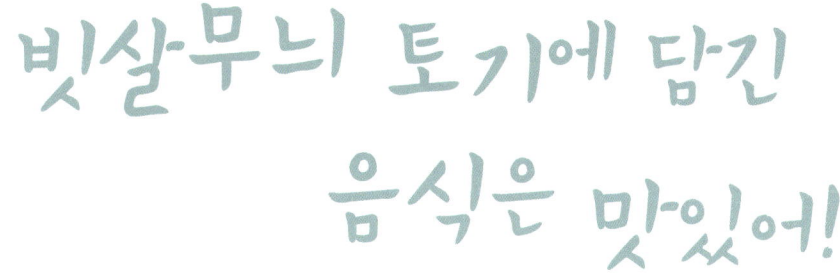

> 신석기 시대

빗살무늬 토기에 담긴 음식은 맛있어!

깨비깨비!
도리깨 도깨비가 신석기 시대에 도착했어.
"좋아, 이 몸께서 두남이의 조상을 찾고 말 테다."
도리깨 도깨비는 자신만만하게 큰소리쳤지.

주변을 스윽 둘러보던 도리깨 도깨비는 그만 입이 떡 벌어졌어. 수많은 움집들에서는 모락모락 연기가 피어나고 맛있는 음식 냄새가 코를 찔렀거든.
울타리 안에는 소와 돼지가 있고, 강가에는 개들이 아이들과 신 나게 달리고 있었지. 어른들은 그물로 물고기를 잡고 있었어.
정말 평화롭고 아름다운 모습이었어.

놀기 좋아하는 도리깨 도깨비도 아이들 틈에 끼어
폴짝폴짝 재미나게 뛰어 놀았어.
왜 여기에 왔는지도 잊은 채 말이야.
"난 물고기 잡으러 갈 거야."
한 아이가 강가에 있는 아빠에게 달려갔어.
호기심 많은 도리깨 도깨비도 아이를 따라갔지.

아이의 아빠는 그물 끝에 돌을 매달았어.
아이는 뼈로 만든 낚싯바늘을 끼우는 걸 도왔지.
드디어 팔딱팔딱 물고기가 잡혔어.
"꼬르르르륵……."
아이가 잡은 물고기를 보자 도리깨 도깨비의 배에서 소리가 났어.
하루 종일 뛰어 노느라 아무것도 먹지 못했거든.
쑥스럽게 웃는 도리깨 도깨비를 보고 아이가 물었어.
"우리 집에 가서 같이 먹을래?"
"응, 좋아!"

도리깨 도깨비는 아이의 집으로 함께 갔어.
강가에는 움집이 여러 개 모여서 마을을 이루고 있었어.
움집 안에서는 음식 냄새가 솔솔 풍겨 왔지.
가운데 있는 화덕에서는 환한 불꽃이 피어오르고 있었어.

움집은 땅을 파고 기둥을 세운 다음, 풀을 엮어서 만든 집이야.
개 도깨비가 다녀온 구석기 시대에는 사람들이 동굴에서 살았잖아?
그리고 먹을 것을 찾아서 여기저기 옮겨 다니며 살았고 말이야.
하지만 신석기 시대 사람들은 비가 오나 눈이 오나
따뜻하게 쉴 수 있는 집이 생긴 거야.
'근데 왜 신석기 시대 사람들은 한곳에 머물러 사는 거지?'
도리깨 도깨비는 문득 궁금해졌어.
아무리 생각해도 답을 알 수는 없었지만 말이야.

밖에서는 할아버지가 돌을 갈고 있었어.

"우린 농사할 때나 사냥할 때도 이렇게 돌을 갈아서 쓴단다."

할아버지가 도리깨 도깨비에게 알려 주었어.

할머니는 동그랗게 생긴 돌의 구멍 사이로 실을 뽑아내고 있었어.

"그건 가락바퀴야."

아이가 말했어. 식물의 줄기를 잘라 실을 만들 때 쓰는 거래.

이 실을 가지고 옷을 지어 입는 거야.

아이는 조개껍데기랑 동물의 뼈와 뿔을 가져와서 도리깨 도깨비를 꾸며 줬어.

"나 어때? 멋져?"

도리깨 도깨비는 알록달록한 장신구를 달고는 신이 나 팔짝팔짝 뛰어 다녔어.

드디어 아까 잡은 물고기를 구워서 저녁을 먹을 시간이야!
겉에 빗살무늬가 예쁘게 새겨 있는 그릇에 음식이 담겨 있었어.
아래로 갈수록 좁아지는 모양인데, 진흙으로 빚어 구워 만든 거래.
"이건 꼭 고깔모자처럼 생겼네?"
도리깨 도깨비가 그릇을 머리에 쓰자 모두들 깔깔댔어.

"그런데 왜 끝이 뾰족해요?"

정말이지 못 말리는 도리깨 도깨비야. 언제나 궁금한 게 많지.

밑바닥이 뾰족한 이유는 모래땅에 꽂아 쓰기 위해서였어.

강가나 바닷가에 살다 보니 그릇이 모래 위에 쓰러지면 안 됐거든.

"이 그릇에 담아 먹으니 더 맛있는 거 같아요!"

도리깨 도깨비는 그릇을 싹싹 비웠어.

저녁을 다 먹고는 불룩해진 배를 두드리며 마을 구경에 나섰어.
밭에는 곡식들이 자라고, 한쪽 울타리 안에는 가축들이 가득했지.
"아하! 왜 한곳에 머무르며 살 수 있게 되었는지 알겠다!"
그건 바로 직접 곡식과 가축을 기르니까 더 이상 먹을 것을 찾아
헤맬 필요가 없기 때문이었어.

"저 녀석이 미션은 아예 까먹은 모양이군."
두남이네 집에서 계속 지켜보고 있던 할아버지 도깨비는
놀기만 하는 도리깨 도깨비를 다시 불러오기로 했어.
갑자기 도리깨 도깨비의 목에 걸린 목걸이가 깜빡거렸지.
그리고 작별 인사를 할 틈도 없이 도리깨 도깨비는
'깨비깨비!' 하고 사라졌어.

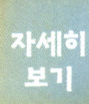

자세히 보기

움집을 짓고 빗살무늬 토기를 쓰던
신석기 시대 (기원전 8000년 무렵 시작)

신석기 시대는 구석기 시대보다 더욱 발달한 간석기를 사용했던 시대야.
간석기는 거친 돌을 쓰임새에 맞는 모양으로 갈고 다듬은 도구를 말해.
사람들은 더 이상 먹을 것을 찾아 여기저기 돌아다니며 살지 않고
강가나 바닷가에 움집을 짓고 한 곳에 머물러 살기 시작했어.
왜 강가에 살았냐고? 물고기나 조개 같은 먹을 것을 얻기 쉽기 때문이야.
땅을 갈아 밭을 일구고 조, 수수 등을 심어 직접 농사를 짓기 시작한 것도
신석기 시대부터야.

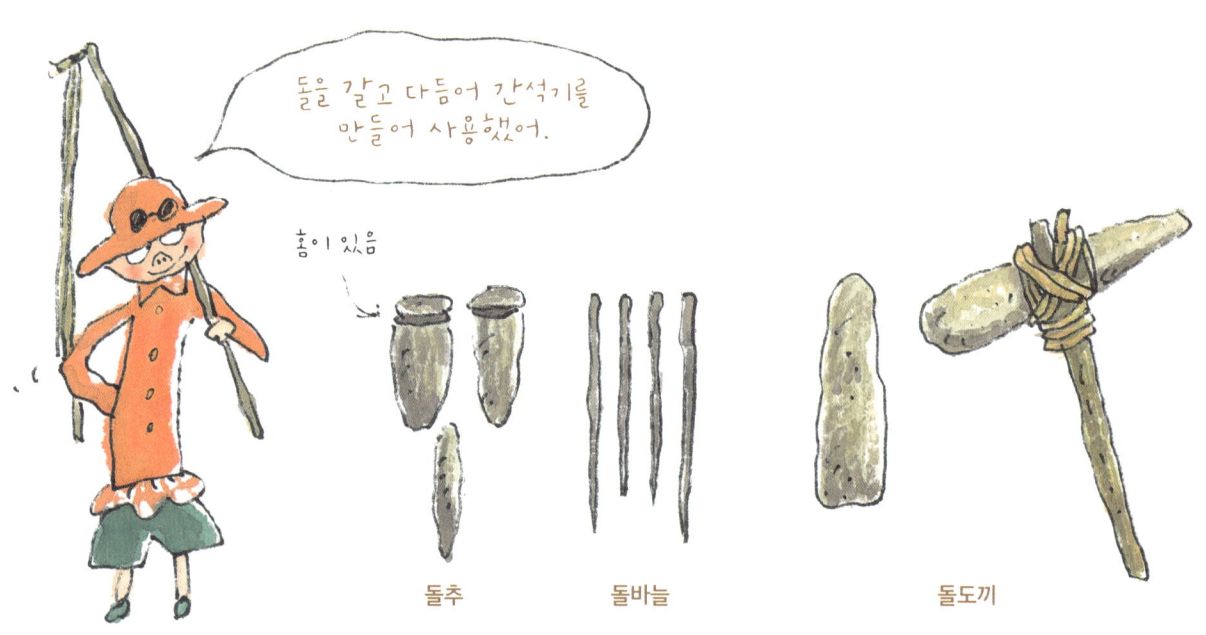

그리고 가축을 길러 멀리 사냥을 나가지 않아도 되었지.
가축을 기르면서 고기와 가죽, 털도 쉽게 얻을 수 있었어.
낚시를 할 때는 돌로 만든 그물추나 동물의 뼈로 만든 낚싯바늘 등을 이용했어. 먹을 것을 저장하거나 익혀 먹을 수 있는 토기도 만들어 썼지.
이때부터 옷을 직접 만들어 입었는데, 풀이나 나무껍질에서 뽑은 실로 옷을 만들 수 있었어. 조개껍데기나 동물 뼈를 이용해 옷에 어울리는 장신구도 만들었지.

강이나 산, 큰 나무 같은 것에 영혼이 깃들어 있다고 믿었고, 곰이나 호랑이 같은 동물을 조상신으로 섬기기도 했어.

멧돼지, 개, 새 등을 조각해 몸에 품고 다녔는데, 이것을 가지고 있으면 자신을 지켜주거나 사냥을 많이 할 수 있을 것이라 생각했지.

이런 신석기 시대 유적지로는 서울 암사동 유적, 양양 오산리 유적, 부산 동삼동 유적 등이 대표적이야.

움집 세우는 방법

❶ 터를 정하고 구덩이를 파고 바닥을 다져.
❷ 가장자리에 나무 기둥을 둘러 세우고 기둥 끝을 모아 묶어.
❸ 나뭇가지, 갈대, 억새 등으로 지붕을 엮어서 덮어.

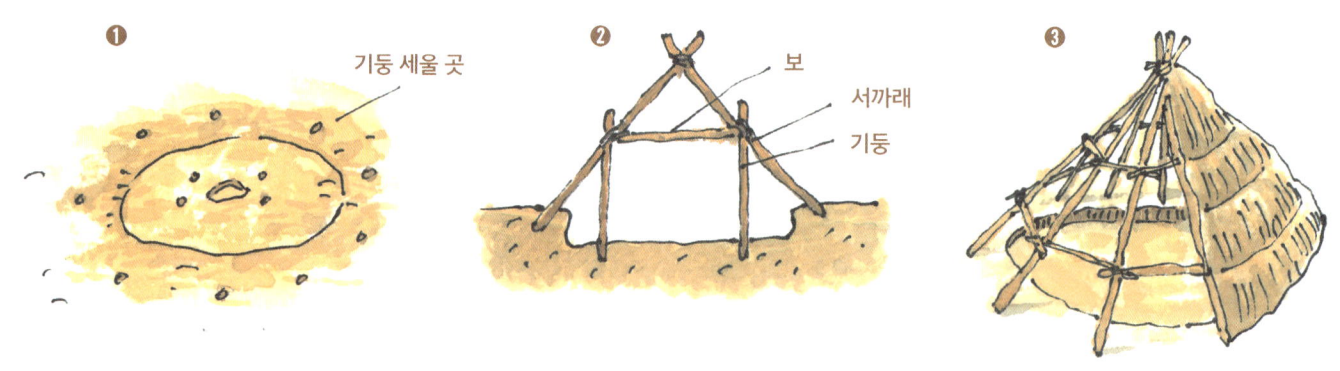

빗살무늬 토기

신석기 시대에는 진흙을 빚어 불에 구운 토기를 만들어 썼어. 이 토기는 아래쪽이 좁아지는 고깔 모양인데, 겉에 빗살무늬가 있어서 '빗살무늬 토기'라고 불려.

신석기 시대의 도구와 쓰임새

- 돌괭이 : 잡초를 캐내거나 땅을 고르는 데 사용해.
- 돌낫 : 곡식의 이삭을 딸 때 사용해.
- 돌보습 : 땅을 파거나 가는 데 사용해.
- 돌그물추 : 그물 끝에 돌을 매달아 고기잡이를 하는 데 사용해.
- 작살 : 물고기를 잡을 때 사용해. 낚싯바늘은 동물의 뼈로 만들었어.
- 가락바퀴 : 가운데 구멍에 막대를 끼우고, 가락바퀴를 돌려서 실을 꼬는 데 사용해.
- 갈판과 갈돌 : 갈판 위에 곡식이나 열매를 놓고, 갈돌로 갈아 가루로 만드는 데 사용해.

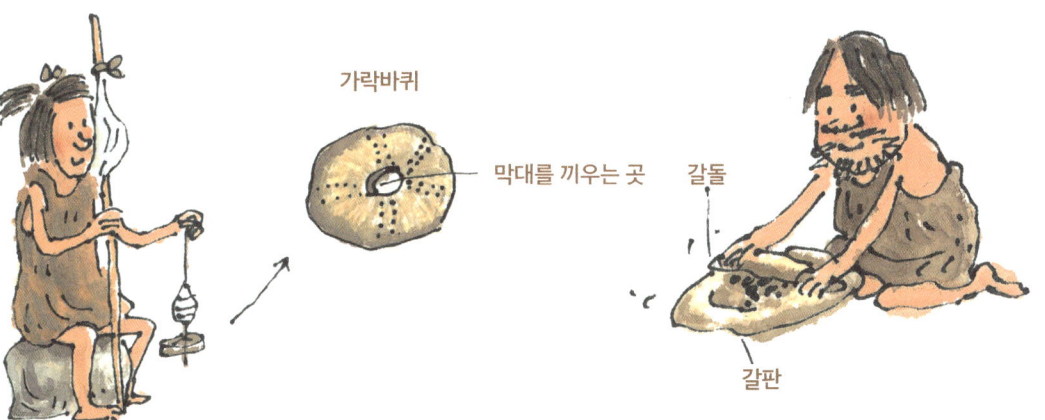

청동기 시대

번쩍번쩍 청동 칼이 갖고 싶어

과거로 보낸 도깨비들마다 엉뚱한 짓만 하고 돌아오자
할아버지 도깨비는 고민에 빠졌어.
이러다가 두남이의 조상을 찾지 못할 거 같았거든.
고민 끝에 침착하기로 유명한 명석 도깨비를 불렀어.
그리고 서둘러 청동기 시대로 떠나 보냈어. 깨비깨비!

청동기 시대에 도착한 멍석 도깨비는 한 마을로 들어섰어.
흙과 돌 그리고 나무로 지어진 집들이 옹기종기 모여
큰 마을을 이루고 있었어.
"집이 훌륭하게 지어져 있군!"
풀을 엮어서 만든 신석기 시대의 움집보다
훨씬 튼튼하고 따뜻해 보였어.

"땅! 땅!"
어디선가 들려오는 소리에 멍석 도깨비는 걸음을 멈췄어.
망치를 두드려 칼을 만드는 소리였어.

멍석 도깨비는 처음 보는 모습에 소리를 질렀어.

"와아~!"

"어때, 멋있지? 돌보다 더 단단하고 가벼운 청동이야."

아저씨는 청동으로 만든 칼을 들어 보여 주었어.

칼은 번쩍번쩍 멋졌어. 청동은 아무나 가질 수 없는 귀한 거래.

좀 더 구경하고 싶었지만 멍석 도깨비에게는 할 일이 있잖아.

두남이의 조상을 찾는 거 말야.

그래서 아쉽지만 얼른 이웃 마을로 날아갔어.

"아버지, 다 자랐어요?"

"그래, 이번 농사도 아주 잘된 것 같구나."

아버지와 아이가 잘 익은 곡식을 바라보며 즐거워하고 있었어.

"앗! 저건 벼잖아?"

곡식을 본 멍석 도깨비는 한걸음에 달려갔어.

멍석 도깨비는 곡식이나 과일이 잘 자라도록 도와주는 도깨비거든.

멍석을 깔아 그 위의 곡식이 잘 마르게 해 주지.

아이와 아버지가 활짝 웃으며 추수를 시작했어.
"너도 좀 도와줄래?"
옆에 있던 멍석 도깨비를 본 아이가 반달 모양으로 생긴
돌칼을 건네주며 말했어.
멍석 도깨비는 신이 나서 황금으로 물든 벌판을
날아다니며 벼를 벴어.
"이 정도는 식은 죽 먹기지!"

다음 날 아침, 멍석 도깨비는 시끄러운 소리에 잠에서 깼어.
많은 사람들이 어디론가 몰려가고 있었어.
마을의 족장인 아이의 아버지가 멍석 도깨비를 보며 말했어.
"이웃 부족이 우리 땅에 쳐들어 왔어. 너도 어서 피하거라!"
이럴 수가! 전쟁이 벌어진 거였어!

멍석 도깨비는 아이 아버지를 따라 싸움터로 갔어.
사람들은 손에 무기를 들고 서로 맞서고 있었어.
그런데 아이네 부족은 이웃 부족보다 사람이 훨씬 적지 뭐야.
게다가 청동 무기도 별로 없었어. 그래서 싸움에서 계속 밀리고 있었지.
앗, 이런! 아이 아버지가 적의 공격을 받고 쓰러졌어!
멍석 도깨비는 얼른 도와주려고 나섰다가 멈췄어.
인간의 역사에 끼어들면 안 된다는 말이 떠올랐기 때문이야.

힘없이 돌아오던 멍석 도깨비는 한 할아버지를 만났어.
"할아버지, 대체 왜 이런 일이 생기는 거예요?"
"이게 다 욕심 때문이지. 예전에는 다들 평화롭게 살았단다.
그런데 농사짓는 기술이 좋아지면서 거두어들이는 곡식이 많아지게
되었지. 그래서 서로 많이 가지려고 싸움도 일어나고,
부자와 가난한 사람이 생겼어.
그러다 보니 부족들 간에도 힘이 센 부족과 약한 부족이 생기게 되고,
다툼이 생기게 된 거란다. 더 많이 차지하려고 말이야."

도깨비들끼리의 큰 싸움 때문에
몇 백 년 동안 항아리 속에서 갇혀 지냈던 멍석 도깨비는
이제 싸움이라면 지긋지긋했어.
많은 사람들이 다치고 죽는 모습을 또다시 보고 싶지 않아서
전쟁이 끝난 후로 시간을 건너뛰기로 했어. 깨비깨비!

전쟁은 끝났지만, 마을은 엉망진창이 되어 있었어.

같이 추수했던 아이가 한쪽 구석에서 울고 있었지.

"우리 아버지가 돌아가셨어. 엉엉."

아마 그때 적의 공격을 받고 큰 상처를 입었나 봐.

공격당하는 걸 보고도 도와주지 못했던 멍석 도깨비는 너무 미안했어.

하지만 도깨비는 인간의 역사에 끼어들면 안 되기 때문에

어쩔 수 없는 일이었지.

주위를 보니 마을 사람들이 힘을 합쳐 커다란 돌을 나르고 있었어.
족장이었던 아이 아버지의 무덤을 만드는 중이었어.
바로 고인돌이라고 불리는 무덤이야.
고인돌 안에는 아이 아버지가 쓰던 청동 칼과 장신구도 함께 묻었어.
다들 슬퍼하는 모습을 보니, 두남이의 조상을 아느냐고 물어보기도 미안했어.
멍석 도깨비는 어쩔 수 없이 그냥 돌아가기로 했어. 깨비깨비!

> 자세히 보기

벼농사를 짓고 민무늬 토기를 쓰던
청동기 시대 (기원전 2000년 ~ 1500년 무렵 시작)

청동기 시대는 청동을 사용해서 도구를 만들었던 시대야.

'돌보다 더 단단한 건 없을까?' 하는 고민 끝에 만들어진 것이 청동이야.

구리에 주석이나 아연을 섞었더니 단단한 금속인 청동이 되었지.

돌보다 단단하고 가벼웠고, 여러 가지 모양으로 만들 수도 있었어.

청동으로 칼과 창, 거울, 방울 등 무기나 도구, 장신구를 만들었지.

종류도 다양하군.

청동기 시대의 유물들

청동 거울

청동 도끼

청동 방울

청동 칼

하지만 단점도 있었어. 우선 청동기는 만들기도 어렵고 재료가 귀해.
그래서 지배층의 무기나 장신구 등을 만드는 데에 주로 쓰였어.
가난한 백성들은 사용할 수 없었지.
농기구나 생활 도구는 여전히 돌과 나무를 사용했어.
청동기 시대는 조, 보리, 콩 등을 길렀는데, 벼농사를 지은 곳도 있어.
신석기 시대에 빗살무늬 토기가 있다면, 청동기 시대에는 무늬가 그려지지
않은 민무늬 토기를 사용했어. 밑이 평평해서 바닷가가 아닌 땅에 놓고
사용했다는 것을 알 수 있어.

반구대 암각화

경남 울산에 있는 바위 그림인데, 수많은 종류의 고래와
짐승들이 그려져 있어. 고래잡이나
사냥을 나가기 전에 더 많이 잡게 해 달라고
빌기 위해 그린 거야. 날카로운 도구로
바위 면을 긁어서 그림을 새겼어.

또, 사람이 죽으면 고인돌이라는 무덤을 만들었어. 주로 강력한 힘을 가진 사람들의 무덤이었지.

청동기 시대는 지배하는 사람과 지배를 받는 사람이 확실하게 나누어진 계급 사회였어. 힘을 가진 권력자들은 점점 더 많은 재산을 가졌고, 다른 부족들과 전쟁을 벌였어. 전쟁에서 진 부족들은 노예가 되었지.

점점 더 큰 힘을 갖게 된 지배자를 중심으로 부족들이 커 가기 시작했어.

고인돌 만드는 과정

❶ **돌을 옮긴다** : 고인돌을 만들 바윗돌을 옮겨.
❷ **받침돌을 세운다** : 땅을 파고 양옆으로 받침돌을 세워.
❸ **덮개돌을 올린다** : 받침돌 주변에 흙을 쌓아 경사지게 한 후, 통나무를 이용해 덮개돌을 끌어올려.
❹ **덮개돌을 얹는다** : 덮개돌을 얹은 다음 흙을 치우면 완성.

고인돌의 종류

강화 고인돌(탁자식)

고창 고인돌(기반식)

농경무늬 청동기

청동기 시대의 생활을 알 수 있는 귀중한 문화유산이야. 방패 모양의 이 청동기에는 한 남자가 밭을 일구고 있는 장면과 또 다른 남자가 괭이를 치켜든 모습이 담겨 있어. 항아리에 무언가를 담고 있는 여자의 모습도 있고 말이야. 농사가 잘되기를 바라는 의미라고 할 수 있어.

고조선

곰이 사람이 되었다고?

이번에는 날쌘돌이 빗자루 도깨비 차례야.

빗자루 도깨비가 도착한 곳은 많은 사람들로 북적거리는 시장이었어.

그런데 한 아이가 아버지 옆에서 구경하다가 손을 다쳤지 뭐야.

"아야!"

"조심해야지. 쇠로 만든 것이라 위험하단다."

아버지는 아이의 손을 호호 불어 주었어.

이곳에선 쇠로 도끼와 낫 같은 도구와
무기를 만드나 봐.

그때 길바닥에서 뭔가 반짝 빛나는 것이 보였어.

주워 보니 청동으로 만든 거울이었어. 마음에 쏙 들었지.

신기한 보물이 생겨서 빗자루 도깨비는 기분이 좋았어.

그런데 누군가가 길을 막는 거야.

"당장 그 거울을 내놓아라!"

무섭게 생긴 아저씨들이 빗자루 도깨비를 에워쌌어.

"8조법을 모르느냐? 도둑질한 자는 노비가 되어야 한다."

"전 도둑이 아니에요. 이건 길에서 주웠다고요!"

아무리 아니라고 소리쳐도 아무도 들어주지 않았어.
재빠르기로 둘째가라면 서러운 빗자루 도깨비이지만,
피할 틈도 없이 끌려가는 수밖에 없었지.
그때, 인자하게 생긴 한 할머니가 나타났어.
"그 거울은 내 것이니, 내가 데려다 노비로 삼겠네."
빗자루 도깨비는 어쩔 수 없이 할머니를 따라갔어.

"그만 울어라, 애야."
"할머니, 전 도둑이 아니에요. 진짜 길에서 주웠다구요."
"그래, 거울은 내가 실수로 떨어뜨린 거란다."
"그럼 저는 노비가 되지 않는 거죠?"
빗자루 도깨비가 훌쩍거리며 물었어.
"물론이지."
할머니가 웃으며 말했어. 정말 다행이지?

"고맙습니다. 그런데 여긴 도대체 어디죠?"

"이곳은 고조선이란다. 단군왕검이 세운 나라지."

"단군왕검이요? 그게 누구예요?"

두남이와 지용이가 내기할 때 '단군 할아버지' 이야기가 나왔던 것이 생각난 빗자루 도깨비는 울음을 그치고 할머니 말씀에 귀를 기울였어.

"우리나라에는 예부터 전해져 내려오는 이야기가 있단다.
하느님의 아들 환웅이 널리 사람을 이롭게 하겠다는 뜻을 품고 이 땅으로
내려왔어. 그런데 곰과 호랑이가 사람이 되고 싶다고 환웅을 찾아갔단다.
환웅은 백 일 동안 동굴 속에서 마늘과 쑥을 먹고 견디면 사람이 될 것이라고
했지. 호랑이는 도중에 포기했지만 곰은 끝까지 참아서 사람이 되었어.
그리고 환웅과 결혼해 단군왕검을 낳았단다."
"곰이 사람이 되었다고요?"
"진짜 곰이라기보다는, 곰을 우러러 믿는
부족을 뜻하는 거겠지."

할머니의 이야기를 들은 빗자루 도깨비는 정신이
번쩍 들었어.
'드디어 알아냈다. 단군왕검이라는
분이 두남이의 조상인 게 확실해!'

비록 도둑 누명을 쓰긴 했지만, 미션을 해결한 빗자루 도깨비는 신이 나서 이 방 저 방 날아다녔어. 그때 멋지게 생긴 칼이 보였지.
"우와, 이 칼은 꼭 악기 비파처럼 생겼네요?"
"그건 우리 영감이 쓰던 거란다. 청동으로 만든 거지."
할아버지는 전쟁터에서 돌아가셨대.

할머니는 고조선이 매우 넓다고 하셨어.
'도대체 얼마나 넓은지 직접 보아야겠어.'
빗자루 도깨비는 할머니에게 인사를 하고는 빗자루를 타고
날아올랐어.

지금의 대한민국보다 몇 배나 더 크군!

슝～～ 여기는 요령!
슝～～ 만주!

"우와, 정말 이 넓은 땅이 다 고조선이라고?"
고조선은 아주 강하고 대단한 나라였나 봐.

그때 어디선가 시끄러운 소리가 들렸어.
밑을 내려다보니 고조선 병사들과 중국의 한나라 병사들이 전쟁을 벌이고 있었어. 한나라 병사의 수가 훨씬 많았지.
한나라 군대는 고조선의 수도인 왕검성까지 쳐들어왔어.
'이러다가는 두남이네 조상이 지겠는걸?'

하지만 빗자루 도깨비도 멍석 도깨비처럼 그냥 바라만 보았어.
인간들의 역사에 끼어들면 안 된다는 거, 기억하지?
안타깝지만 두남이네 집으로 돌아갈 수밖에 없었어.
깨비깨비!

자세히 보기

우리나라의 첫 번째 국가
고조선 (기원전 2333년 ~ 기원전 108년)

우리나라 최초의 국가인 고조선은 단군왕검이 세운 나라야.
단군은 '널리 인간을 이롭게 한다.'는 의미의 '홍익인간'의 뜻을 품고 고조선을 세웠어.
고조선은 왕, 귀족, 평민, 노비로 계급이 나눠진 신분 사회였어.
고조선의 8조법을 보면 개인 재산이 법으로 지켜지고, 농업 사회이며, 노예 제도가 있다는 것을 알 수 있어. 가난한 사람과 부자의 차이도 있었고 말이야.
기원전 400년 무렵에는 청동기보다 더 단단한 철기가 등장했어. 청동기 문화를 바탕으로 성립된 고조선은 철기가 보급되면서 더욱 발전하게 되었지.
기원전 194년에는 위만이 무리를 이끌고 내려와 준왕을 몰아내고, 위만조선을 세웠어.

원래 단군이란 하늘에 제사를 지내는 제사장을 말해.

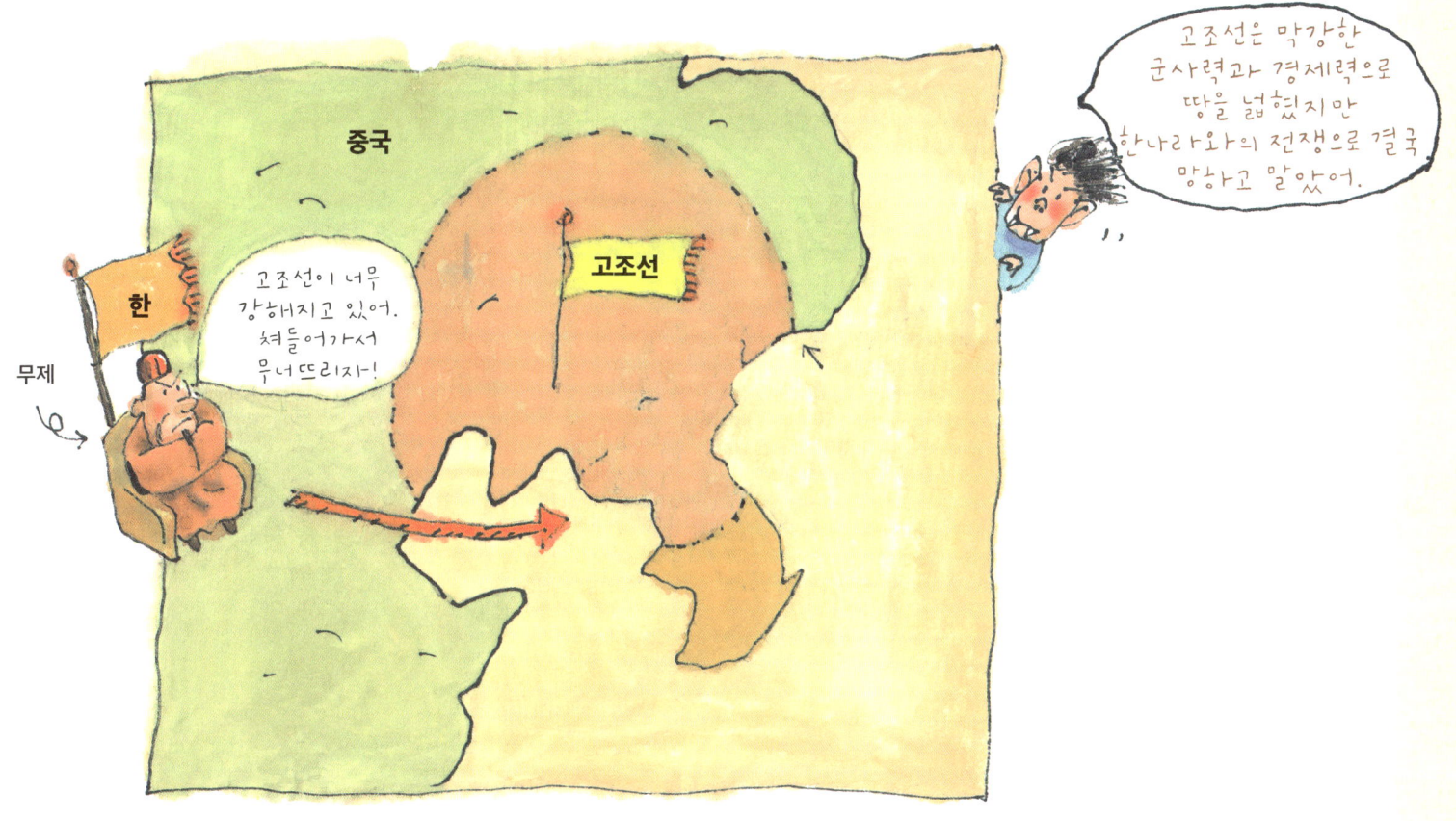

고조선은 막강한 군사력과 경제력으로 넓은 땅을 다스렸어.
중국의 한나라에 맞설 만큼 강해졌지.
그러자 한나라의 무제는 많은 군사를 보내서 공격해 왔어.
위만의 손자인 우거왕은 1년 동안 버티며 잘 싸웠어.
그러나 결국 우거왕이 암살되고 왕검성이 무너지면서
고조선은 멸망했어.

고조선의 8조법

고조선에는 반드시 지켜야 할 8조법이 있었어. 법을 어기면 무서운 벌을 받았지.
현재 3개의 조항만 전해져 내려오고 있어.

❶ 사람을 죽인 자는 사형에 처한다.
❷ 남을 다치게 한 자는 곡식으로 갚아야 한다.
❸ 남의 물건을 도둑질한 자는 데려다
   노비로 삼는다. 만일 도둑질한 사람이
   죄를 벗으려면 많은 돈을 내야 한다.

사람을 죽인 자는 사형에 처한다.

남을 다치게 한 자는 곡식으로 갚아야 한다.

남의 물건을 도둑질한 자는 데려다 노비로 삼는다.

고조선 이후의 초기 국가들

고조선이 망한 후에 한반도에는
새로운 나라들이 등장하기 시작했어.

1. 부여

부여는 만주 일대를 중심으로 성장했어.
엄격한 법률로 나라를 다스렸지.
부여에서는 사람을 죽인 자는 죽이고
그 가족은 노비로 삼으며, 도둑질한 자는
12배로 갚도록 했어. 갚을 수 없는 자는
노비로 삼았지.
추수가 끝난 12월에는 하늘에 제사를
지내는 '영고'라는 행사가 열렸어.

2. 옥저와 동예

함경도와 강원도 북부의 해안가에 위치한 나라들이야.
옥저에는 '민며느리제'라는 결혼 풍습이 있었어.
신부가 10살 무렵 미리 신랑의 집에 가서 살다가,
어른이 되면 자기 집으로 일단 돌아갔다가 정식으로 결혼하는 거야.
동예에는 매년 10월에 하늘에 제사를 지내는
'무천'이라는 행사가 있었어.
그리고 반드시 다른 부족의 사람과 결혼을 해야 하는 법이 있었어.

3. 삼한

남부 지방에 자리 잡고 발전했던 마한, 변한, 진한을 합해서 부르는 이름이야.
정치 권력을 가진 '족장'과 하늘에 제사를 지내는 '천군'이 따로 있었어.
천군이 다스리는 곳을 '소도'라고 하는데,
죄인이 도망쳐서 숨더라도 잡을 수 없는
신성한 구역이었어.

미션 해결

두남이의 조상은 단군왕검이야!

할아버지 도깨비가 모두를 불러 모았어.

깜깜했던 컴퓨터 화면이 '팍' 하고 켜지면서 컴퓨터 도깨비도 나타났지.

할아버지 도깨비가 입을 열었어.

"다들 고생이 많았다. 너희가 알아온 내용들은 두남이에게 큰 도움이 될 게야.

만주와 한반도에는 머나먼 옛날부터 사람들이 살고 있었단다.

그들은 불과 도구를 사용하면서 점점 오늘날의 사람들처럼

변화했지. 사용한 도구에 따라서 구석기, 신석기, 청동기, 철기 시대로

불린단다.

그리고 청동기 문화를 바탕으로 최초의 국가인 고조선이 세워졌지.
고조선은 청동기와 철기 시대를 거치면서 차츰차츰 발전했단다.
그때 만주와 한반도에 살았던 사람들이 두남이의 직접적인 조상이라고
할 수 있어.
그리고 고조선을 세운 사람들을 중심으로 한민족의 역사가 시작된 것이지."

"두남아, 저녁 먹어라!"

엄마가 부르는 소리에 두남이가 깨어났어.

그런데 뭔가 이상해. 두남이가 알고 싶었던 내용이 컴퓨터 화면에 가득한 거야.

"어라? 아까는 이런 내용을 못 본 거 같은데……."

두남이는 찬찬히 내용을 읽어 보았어.

"와…… 바로 이렇게 된 거였구나!"

두남이는 빨리 친구들에게 말해 주고 싶어 안달이 났어.

"아차, 저녁 먼저 먹어야지!"

신이 난 두남이가 컴퓨터를 끄고 방을 나선 순간, 컴퓨터 화면이 다시 환하게 켜졌어. 구석구석 숨어 있던 도깨비들의 눈빛도 반짝였지.

할아버지 도깨비가 두남이의 뒷모습을 보고 미소를 지었어.

다음 날 학교에 간 두남이는 친구들 앞에서 고조선의 건국 이야기를 들려주었어.
"스스로를 하늘신의 후손이라 믿는 환웅 부족과 곰을 우러러 믿던 부족이 만나 단군왕검이 태어났다는 이야기야. 즉, 우리의 조상이 곰이라기보다는 하늘신과 곰을 우러르던 부족이라는 것이지."

"우와, 대단하다."

친구들은 두남이의 얘기에 감탄하며 몰려들었어.

한쪽에서 지용이가 쭈뼛거리며 두남이가 가져온 자료들을 살펴보았어.

"하지만 지용이가 한 말도 틀린 건 아니야.

그러니까 우리 내기는 무승부야."

두남이가 지용이에게 다가가 손을 내밀었고, 지용이도 활짝 웃었어.

역사 돌아보기

선사 시대와 초기 국가 시대

삼국 시대와 후삼국 시대

기원전 57년	신라 건국
기원전 37년	고구려 건국
기원전 18년	백제 건국
660년	백제, 나·당 연합군에 멸망
668년	고구려, 나·당 연합군에 멸망
676년	신라, 당나라군을 물리치고 삼국 통일
698년	대조영, 발해 건국
900년	견훤, 후백제 건국
901년	궁예, 후고구려 건국

828년 신라 장보고, 청해진 설치

고구려 장수왕, 중원 고구려비 세움

751년 신라, 불국사와 석굴암 건립

고려 시대

918년	왕건, 궁예를 몰아내고 고려 건국
926년	발해, 거란에 멸망
935년	신라, 고려에 항복
936년	후백제 멸망. 고려, 후삼국 통일
1019년	강감찬 귀주대첩
1170년	무신 정변
1388년	이성계 위화도 회군
1392년	고려 멸망

청자 거북이 모양 주전자

1170년 무신 정변

958년 광종, 과거제 실시

팔만대장경

조선 시대

1392년	조선 건국
1443년	세종, 한글 창제
1592년	임진왜란
1897년	대한 제국 성립
1905년	을사조약
1910년	강제 병합으로 일제의 식민지가 됨

조선의 왕들이 살던 경복궁

세종 때 만들어진 해시계 앙부일구

백자 철화 포도 원숭이 무늬 항아리

근현대

1919년	3·1 운동. 대한민국 임시 정부 수립
1945년	8·15 광복
1950년	6·25 전쟁
1960년	4·19 혁명
1980년	5·18 광주 민주화 운동
1988년	서울 올림픽
2002년	한일 월드컵 대회

유관순

6·25 전쟁

서울 올림픽

이런 일이 있었대요

선사 시대와 초기 국가 시대

약 70만 년 전 구석기 시대 시작

찍개  　 가로날도끼 　 굵개

기원전 8000년 무렵 신석기 시대 시작

빗살무늬 토기  　 덧무늬 토기  　 번개무늬 토기  　 가락바퀴

기원전 2333년 고조선 건국

기원전 2000년 무렵 청동기 시대 시작

비파형 동검  　 반구대 암각화 　 민무늬 토기 　 농경무늬 청동기

기원전 400년 무렵 철기 시대 시작

잔대투겁방울

기원전 194년 위만, 고조선의 왕이 됨

기원전 108년 고조선 멸망